O caminho da PÁSCOA
com Papa Francisco
A via-sacra rezada no seu lar

I Estação

Jesus é condenado à morte

Nós vos adoramos, Senhor Jesus Cristo, e vos bendizemos porque pela vossa santa cruz remistes o mundo

Evangelho de Mateus 27,22-23.26
Pilatos replicou: "Mas que mal ele fez?" Eles, porém, gritavam mais alto: "Que seja crucificado!" Então lhes soltou Barrabás. Quanto a Jesus, depois de açoitá-lo, entregou-o para que fosse crucificado.

Palavras do Papa Francisco
O verdadeiro poder é o serviço. Como fez Jesus, que não veio para ser servido, mas para servir, e o seu serviço foi exatamente um serviço da cruz. Ele se rebaixou até a morte, a morte de cruz, por nós, para nos servir, para nos salvar. E não há na Igreja nenhum outro caminho para trilhar. Para o cristão seguir em frente, progredir significa abaixar-se. Se não aprendermos esta regra cristã, nunca, jamais poderemos entender a verdadeira mensagem de Jesus sobre o poder.

Senhor, ajudai-me a orientar minha vida no serviço! Dai-me um coraçao humilde, que saiba trilhar o caminho da cruz, com o dom da fé e do amor que vem de vós. Amém.
Pai nosso...

A morrer crucificado,
teu Jesus é condenado,
por teus crimes, pecador!
Por teus crimes, pecador!

Pela Virgem dolorosa,
vossa Mãe tão piedosa,
perdoai-me, bom Jesus!
Perdoai-me, bom Jesus!

II Estação

Jesus carrega a cruz

Nós vos adoramos, Senhor Jesus Cristo, e vos bendizemos porque pela vossa santa cruz remistes o mundo

Evangelho de Mateus 27,27-31
Então os soldados do governador, tendo levado Jesus ao pretório, reuniram em torno dele toda a coorte. Depois de despi-lo, envolveram-no com uma capa escarlate. Tendo trançado com espinhos uma coroa, puseram-na em sua cabeça, e um caniço em sua mão direita; e, ajoelhando-se diante dele, zombavam dele: "Salve, Rei dos Judeus!" Tendo cuspido nele, pegaram o caniço e batiam em sua cabeça. Depois de zombarem, tiraram-lhe a capa, puseram-lhe suas vestes e levaram-no para crucificá-lo.

Palavras do Papa Francisco
O Cristianismo não é uma doutrina filosófica, não é um programa de vida para sobreviver, para ser educado, para fazer a paz. Estas são consequências. O Cristianismo é uma pessoa erguida na cruz, uma pessoa que se aniquilou para salvar-nos.

Senhor, tomastes nos ombros a cruz da condenação e morte. Concedei-me também ser solidário às cruzes de tantos irmãos e irmãs sofredores. Amém.
Pai nosso...

Com a cruz é carregado,
pelo peso esmagado,
vai morrer por teu amor!
Vai morrer por teu amor!

Pela Virgem dolorosa,
vossa Mãe tão piedosa,
perdoai-me, bom Jesus!
Perdoai-me, bom Jesus!

III Estação

Jesus cai pela primeira vez

Nós vos adoramos, Senhor Jesus Cristo, e vos bendizemos porque pela vossa santa cruz remistes o mundo

Livro de Isaías 53,4-5
Eram na verdade os nossos sofrimentos que ele carregava, eram as nossas dores, que levava às costas. E a gente achava que ele era um castigado, alguém por Deus ferido e massacrado. Mas estava sendo traspassado por causa de nossas rebeldias, estava sendo esmagado por nossos pecados. O castigo que teríamos de pagar caiu sobre ele, com os seus ferimentos veio a cura para nós.

Palavras do Papa Francisco
A humildade cristã não é a virtude de dizer: "Pois eu não sirvo para nada" e esconder aí a soberba, não, não! A humildade cristã é dizer a verdade: "Sou pecador, sou pecadora". Dizer a verdade: esta é a nossa verdade. Contudo, há outra: Deus nos salva. Mas nos salva lá, quando estamos marginalizados; não nos salva na nossa segurança. Peçamos a graça de ter essa sabedoria de marginalizar-nos, a graça da humildade para receber a salvação do Senhor.

Senhor, ensinai-me este estilo de vida de fé e ajudai-me a não cair nunca na indiferença, a não viver na soberba. Amém.
Pai nosso...

Pela cruz tão oprimido,
cai Jesus desfalecido,
pela tua salvação!
Pela tua salvação!

Pela Virgem dolorosa,
vossa Mãe tão piedosa,
perdoai-me, bom Jesus!
Perdoai-me, bom Jesus!

IV Estação

Jesus encontra-se com sua mãe

Nós vos adoramos, Senhor Jesus Cristo, e vos bendizemos porque pela vossa santa cruz remistes o mundo

Evangelho de Lucas 2,34-35
Simeão os abençoou, e disse a Maria, sua mãe: "Este é colocado para a queda e a elevação de muitos em Israel e para ser sinal de confrontação, a fim de que sejam revelados os pensamentos de muitos corações; mas, quanto a ti, uma espada traspassará tua alma".

Palavras do Papa Francisco
Pensemos nos menores. Pensemos nos doentes que oferecem os seus sofrimentos pela Igreja, pelos outros. Pensemos em tantos idosos sozinhos. Pensemos em tantas mães e pais de família que levam avante com tanta dificuldade a sua família, a educação dos filhos, o trabalho cotidiano, os problemas, mas sempre com a esperança em Jesus, que não se pavoneiam, mas fazem aquilo que podem.

Senhor, eu vos agradeço por ter me dado Maria Santíssima como Mãe. Eu me coloco nas mãos dela e peço que me ajudai a ser fiel no vosso caminho. Amém.
Pai nosso...

De Maria lacrimosa,
sua Mãe tão dolorosa,
vê a imensa compaixão!
Vê a imensa compaixão!

Pela Virgem dolorosa,
vossa Mãe tão piedosa,
perdoai-me, bom Jesus!
Perdoai-me, bom Jesus!

V Estação

Jesus é ajudado pelo cireneu

Nós vos adoramos, Senhor Jesus Cristo, e vos bendizemos porque pela vossa santa cruz remistes o mundo

Evangelho de Mateus 27,31-32
Depois de zombarem, tiraram-lhe a capa, puseram-lhe suas vestes e levaram-no para crucificá-lo. Ao saírem, encontraram um homem de Cirene, chamado Simão, e o forçaram a carregar sua cruz.

Palavras do Papa Francisco
Cristão é igual a "cireneu". Ter fé está nesta identificação: pertence a Jesus quem leva com ele o peso da cruz. De outro modo se percorre uma via aparentemente "boa", mas não "verdadeira".

Senhor, concedei-me a graça de estar sempre disponível para ajudar a carregar a cruz, que pesa sobre os trabalhadores, idosos, jovens, excluídos e necessitados. Amém.
Pai nosso...

Em extremo desmaiado,
deve auxílio, tão cansado,
receber do cireneu!
Receber do cireneu!

Pela Virgem dolorosa,
vossa Mãe tão piedosa,
perdoai-me, bom Jesus!
Perdoai-me, bom Jesus!

VI Estação

Verônica enxuga a face de Jesus

Nós vos adoramos, Senhor Jesus Cristo, e vos bendizemos porque pela vossa santa cruz remistes o mundo

Livro de Isaías 53,2-3
Crescia diante dele como um broto, qual raiz que nasce da terra seca: Não fazia vista, nem tinha beleza a atrair o olhar, não tinha aparência que agradasse. Era o mais desprezado e abandonado de todos, homem do sofrimento, experimentado na dor, indivíduo de quem a gente desvia o olhar, repelente, dele nem tomamos conhecimento.

Palavra do Papa Francisco
Ser corajoso no sofrimento e pensar que depois vem o Senhor, depois vem a alegria, depois da escuridão vem o sol. Que o Senhor nos dê a todos nós esta alegria em esperança. E o sinal de que temos esta alegria em esperança é a paz. Esta é a semente da alegria, esta é a alegria em esperança, a paz.

Senhor, dai-me a coragem de Verônica, para enxugar o rosto dos irmãos sofredores e abandonados. Que eu não tenha medo do sofrimento. Amém.
Pai nosso...

O seu rosto ensanguentado,
por Verônica enxugado,
eis no pano apareceu!
Eis no pano apareceu!

Pela Virgem dolorosa,
vossa Mãe tão piedosa,
perdoai-me, bom Jesus!
Perdoai me, bom Jesus!

VII Estação

Jesus cai pela segunda vez

Nós vos adoramos, Senhor Jesus Cristo, e vos bendizemos porque pela vossa santa cruz remistes o mundo

Livro das Lamentações 3,1-2.9.16
Alguém eu sou que viu a miséria, sob a vara de sua ira. A mim ele levou e fez andar nas trevas, não na luz. [...] Com pedras ele cercou os meus caminhos, revirou meus atalhos. [...] Fez-me dar com os dentes nas pedras, pisou-me na poeira.

Palavras do Papa Francisco
Eis o caminho de Jesus Cristo: o abaixamento, a humildade, a humilhação também. Se um pensamento, se um desejo te leva por aquele caminho de humildade, de abaixamento, de serviço aos outros, é de Jesus. Mas se te leva pelo caminho da suficiência, da vaidade, do orgulho, pelo caminho de um pensamento abstrato, não é de Jesus.

Senhor, guiai-me pelo vosso caminho, que é o caminho da humildade, do serviço, da paz e da alegria. Amém.
Pai nosso...

Outra vez desfalecido,
pelas dores, abatido,
cai em terra o Salvador!
Cai em terra o Salvador!

Pela Virgem dolorosa,
vossa Mãe tão piedosa,
perdoai-me, bom Jesus!
Perdoai-me, bom Jesus!

VIII Estação

Jesus encontra as mulheres de Jerusalém

Nós vos adoramos, Senhor Jesus Cristo, e vos bendizemos porque pela vossa santa cruz remistes o mundo

Evangelho de Lucas 23,27-28
Seguia-o uma grande multidão do povo, inclusive de mulheres que batiam no peito e se lamentavam por ele. Tendo-se voltado para elas, Jesus disse: "Filhas de Jerusalém, não choreis por mim; chorai antes por vós mesmas e por vossos filhos".

Palavras do Papa Francisco
Vem-me à mente: mas por que são principalmente as mulheres a transmitir a fé? Simplesmente porque quem nos trouxe Jesus foi uma mulher. Foi o caminho escolhido por Jesus. Ele quis ter uma mãe: também o dom da fé passa pelas mulheres, como Jesus por Maria. E as mulheres, hoje, devem ter esta consciência do dever de transmitir a fé.

Senhor, iluminai as mulheres que com coragem transmitem a fé na nossa sociedade. Que elas saibam a importância de reavivar este dom, a cada dia. Amém.
Pai nosso...

Das mulheres que choravam,
que fiéis o acompanhavam,
é Jesus consolador!
É Jesus consolador!

Pela Virgem dolorosa,
vossa Mãe tão piedosa,
perdoai-me, bom Jesus!
Perdoai-me, bom Jesus!

IX Estação

Jesus cai pela terceira vez

Nós vos adoramos, Senhor Jesus Cristo, e vos bendizemos porque pela vossa santa cruz remistes o mundo

Livro das Lamentações 3,26-32
Importante é aguardar em silêncio o socorro do Senhor! Iniciar a vida sob o jugo é coisa muito boa. Junte-se a isso, ficar só e calado, quando é exigido, jogar-se de boca na poeira, há esperança, talvez, justamente a quem bateu, dar o rosto, saciar-se de insultos. Longe está do pensamento do Senhor rejeitar para sempre. Logo após castigar, se compadece, grande é seu amor.

Palavras do Papa Francisco
Este é o caminho da vossa libertação. Este é o caminho do Messias, do Justo: a Paixão, a cruz. Este é o meu caminho: devo andar por este caminho de sofrimento.

Senhor, a vossa cruz pesada é sinal de meus pecados. Que eu saiba me levantar de meus sofrimentos. Amém.
Pai nosso...

Cai terceira vez prostrado,
pelo peso redobrado,
dos pecados e da cruz!
Dos pecados e da cruz!

Pela Virgem dolorosa,
vossa Mãe tão piedosa,
perdoai-me, bom Jesus!
Perdoai-me, bom Jesus!

X Estação

Jesus é despojado de suas vestes

Nós vos adoramos, Senhor Jesus Cristo, e vos bendizemos porque pela vossa santa cruz remistes o mundo

Evangelho de Mateus 27,33-36
Tendo eles chegado ao lugar chamado Gólgota (que significa "Lugar da Caveira"), deram-lhe de beber vinho misturado com fel; mas ele, tendo-o provado, não quis bebê-lo. Depois de crucificá-lo, repartiram entre si suas vestes lançando a sorte. E, sentando-se ali, guardavam-no.

Palavras do Papa Francisco
Estou apegado às minhas coisas, às minhas ideias, fechado? Ou estou aberto ao Deus das surpresas? Sou uma pessoa parada ou uma pessoa que caminha? Creio que o caminho vai em frente para a maturidade, para a manifestação da glória do Senhor? Sou capaz de entender os sinais dos tempos e ser fiel à voz do Senhor que se manifesta neles?

Senhor, dai-me um coração despojado, que ame os vossos ensinamentos e que ame também as surpresas de Deus Pai. Amém.

Pai nosso...

Dos vestidos despojado,
por verdugos maltratado,
eu vos vejo, meu Jesus!
Eu vos vejo, meu Jesus!

Pela Virgem dolorosa,
vossa Mãe tão piedosa,
perdoai-me, bom Jesus!
Perdoai-me, bom Jesus!

XI Estação

Jesus é pregado na cruz

Nós vos adoramos, Senhor Jesus Cristo, e vos bendizemos porque pela vossa santa cruz remistes o mundo

Evangelho de Lucas 23,33-34
Quando chegaram ao lugar chamado "Caveira", lá o crucificaram com os malfeitores, um à direita e outro à esquerda. Jesus dizia: "Pai, perdoa-lhes, pois não sabem o que fazem".

Palavras do Papa Francisco
Não há sombra de passividade no modo que o Criador tem de entender o amor para com as suas criaturas. Deus nos dá a graça, a alegria, de celebrar no amor do seu Filho as grandes obras do seu amor. Pode-se dizer que hoje é a festa do amor de Deus em Jesus Cristo, do amor de Deus por nós, do amor de Deus em nós.

Senhor, estai sempre à minha frente, esperai-me de braços abertos e que eu saiba acolhê-lo. Amém.
Pai nosso...

Sois por mim à cruz pregado,
insultado, blasfemado,
com cegueira e com furor!
Com cegueira e com furor!

Pela Virgem dolorosa,
vossa Mãe tão piedosa,
perdoai-me, bom Jesus!
Perdoai-me, bom Jesus!

XII Estação

Jesus morre na cruz

Nós vos adoramos, Senhor Jesus Cristo, e vos bendizemos porque pela vossa santa cruz remistes o mundo

Evangelho de Mateus 27,45-46.50
Desde a hora sexta até a hora nona, toda a terra ficou na escuridão. Por volta da hora nona, Jesus clamou em alta voz: "Eli, Eli, lemá sabactáni", ou seja, Meu Deus, meu Deus, por que me abandonaste? [...] Mas Jesus, tendo gritado novamente em alta voz, exalou o espírito.

Palavras do Papa Francisco
Um coração escravo não é um coração luminoso. E se nós acumulamos os tesouros da terra, acumulamos trevas, que não servem. Esses tesouros não nos dão a alegria, mas, sobretudo, não nos dão a liberdade. Ao contrário, um coração livre é um coração luminoso, que ilumina os outros, que faz ver o caminho que leva a Deus.

Senhor, dai-me um coração luminoso, que não está acorrentado, um coração terno e misericordioso. Amém.
Pai nosso...

Por meus crimes padecestes,
meu Jesus, por mim, morrestes,
como é grande a minha dor!
Como é grande a minha dor!

Pela Virgem dolorosa,
vossa Mãe tão piedosa,
perdoai-me, bom Jesus!
Perdoai-me, bom Jesus!

XIII Estação

Jesus é descido da cruz e entregue à sua mãe

Nós vos adoramos, Senhor Jesus Cristo, e vos bendizemos porque pela vossa santa cruz remistes o mundo

Evangelho de Mateus 27,54-55
Vendo o terremoto e tudo o que acontecia, o centurião e os que com ele zelavam por Jesus ficaram aterrorizados e disseram: "Verdadeiramente, este era filho de Deus". Havia muitas mulheres ali, vendo de longe; elas tinham seguido Jesus desde a Galileia servindo-o.

Palavras do Papa Francisco
É só depois da morte de Jesus que a sua identidade aparece em plenitude, e a primeira confissão vem do centurião romano. Passo a passo, Jesus nos prepara para compreendê-lo bem, nos prepara para acompanhá-lo com as nossas cruzes na sua caminhada para a redenção.

Senhor, ajudai-me a percorrer um caminho espiritual de perfeição, afinal, ser cristão não é um mérito, é pura graça. Amém.

Pai nosso...

Do madeiro vos tiraram,
e nos braços vos deixaram,
de Maria, que aflição!
De Maria, que aflição!

Pela Virgem dolorosa,
vossa Mãe tão piedosa,
perdoai-me, bom Jesus!
Perdoai-me, bom Jesus!

XIV Estação

Jesus é sepultado

Nós vos adoramos, Senhor Jesus Cristo, e vos bendizemos porque pela vossa santa cruz remistes o mundo

Evangelho de Mateus 27,59-60
José, tendo tomado o corpo, o envolveu num lençol de linho limpo e o colocou em seu túmulo novo que tinha escavado na rocha. Depois de rolar uma grande pedra na entrada do túmulo, retirou-se.

Palavras do Papa Francisco
A grandeza do mistério de Deus se conhece somente no mistério de Jesus, e o mistério de Jesus é precisamente um mistério do abaixar-se, do aniquilar-se, que traz a salvação aos pobres, àqueles que são aniquilados por tantas doenças, pecados e situações difíceis. Fora desse marco não se pode entender o mistério de Jesus.

Senhor, que eu viva a pobreza que é capaz de receber os dons que Deus Pai nos dá por vosso meio. Amém.
Pai nosso...

No sepulcro vos puseram,
mas os homens tudo esperam,
do mistério da Paixão!
Do mistério da Paixão!

Pela Virgem dolorosa,
vossa Mãe tão piedosa,
perdoai-me, bom Jesus!
Perdoai-me, bom Jesus!

XV Estação

A ressurreição de Jesus

Nós vos adoramos, Senhor Jesus Cristo, e vos bendizemos porque pela vossa santa cruz remistes o mundo

Evangelho de Lucas 24,6-9
Não está aqui, mas foi ressuscitado! Lembrai-vos do que ele vos falou, quando ainda estava na Galileia: "O Filho do Homem deve ser entregue nas mãos dos pecadores, ser crucificado e, ao terceiro dia, ressuscitar". Então elas se lembraram de suas palavras. Tendo regressado do sepulcro, anunciaram tudo isso aos Onze e a todos os outros.

Palavras do Papa Francisco
Jesus, com a sua ressurreição, nos dá a alegria: a alegria de ser cristãos; a alegria de segui-lo de perto; a alegria de andar no caminho das bem-aventuranças, a alegria de estar com ele.

Senhor, dai-me a graça de não ter medo da alegria e de gozar plenamente do grande dom da ressurreição. Amém.
Pai nosso...

Meu Jesus, por vossos passos,
recebei em vossos braços,
a mim, pobre pecador!
A mim, pobre pecador!

Pela Virgem dolorosa,
vossa Mãe tão piedosa,
perdoai-me, bom Jesus!
Perdoai-me, bom Jesus!

Dados Internacionais de Catalogação na Publicação (CIP)
(Câmara Brasileira do Livro, SP, Brasil)

O Caminho da Páscoa com Papa Francisco : a Via-Sacra rezada no seu lar / [organização Andréia Schweitzer, Marina Mendonça]. -- São Paulo : Paulinas, 2019. -- (Coleção fé e anúncio)

ISBN 978-85-356-4501-9

1. Cristianismo 2. Francisco, Papa, 1936- 3. Páscoa 4. Páscoa - Celebrações 5. Via-Sacra I. Schweitzer, Andréia. II. Mendonça, Marina. III. Série.

19-24123   CDD-242.36

Índice para catálogo sistemático:

1. Páscoa : Cristianismo 242.36

Maria Alice Ferreira - Bibliotecária - CRB-8/7964

Direção-geral: *Flávia Reginatto*
Organização: *Andréia Schweitzer*
Marina Mendonça
Revisão: *Sandra Sinzato*
Gerente de produção: *Felício Calegaro Neto*
Capa e diagramação: *Tiago Filu*
Ilustrações: *Via-sacra na Catedral de Pádua*
Imagem capa: *@palinchak/depositphotos.com*

1ª edição – 2019
1ª reimpressão – 2020

Este opúsculo é dedicado à memória de
Ir. Maria Belém, fsp, fonte constante de inspiração.

Nenhuma parte desta obra poderá ser reproduzida ou transmitida por qualquer forma e/ou quaisquer meios (eletrônico ou mecânico, incluindo fotocópia e gravação) ou arquivada em qualquer sistema ou banco de dados sem permissão escrita da Editora. Direitos reservados.

Paulinas

Rua Dona Inácia Uchoa, 62
04110-020 – São Paulo – SP (Brasil)
Tel.: (11) 2125-3500
http://www.paulinas.com.br – editora@paulinas.com.br
Telemarketing e SAC: 0800-7010081

© Pia Sociedade Filhas de São Paulo – São Paulo, 2019